D E B B X W O O

catch

catch your eyes ; catch your heart ; catch your mind······

DEBBY W∞ 的

愛情生活百科

希望可以
改變妳一天的心情，
讓妳開心一點，
或不難過一點⋯⋯

我得先承認我就是個有老靈魂的少女。

喜歡講些自己的道理然後再用夢幻的粉紅色幫它畫上插圖，像尚雷諾扮哆啦Ａ夢一樣，意外的蠻討喜的（我愛尚雷諾♡）。

有時候就一股腦地畫，然後就有好多網友傳訊息關心我是不是心情不好了，瞬間好感動，那時候才真正感覺到原來我們已經不只是最熟悉的陌生人。自己沒發現的情緒反而別人都看在眼裡，好像多了些責任，開始認真思考到底該跟大家說什麼，又要怎麼說呢？

我想，用這本書來跟大家說話是個最棒的方法，就像「帥哥廚師到我家」那樣，比起自己一個人在家煮，效果一定會好很多，（當然）在視覺上也會比較開心。

妳可以在有感觸的那一頁寫上日記，或者把那句話讓妳想到的人的照片貼上去，這樣這本書就正式升格成為「妳的日記本」。

我愛尚雷諾 ♡

　　我不希望這本書改變任何人的一輩子，那真的是太太太大的使命了，我沒有這麼的厲害。但如果可以改變妳一天的心情，讓妳開心一點，或不難過一點，那我想我就達到我的目的了。

　　很幸運有一群人喜歡我的文字，因為只有遇上對的人，我的這些文字才會變得不矯情。

　　想起當初還在慶祝粉絲團破一百人的時候，現在和妳在書裡碰面是不是有點神奇？

　　謝謝一切也謝謝妳們。

Contents

希望可以改變妳一天的心情，

讓妳開心一點，或不難過一點……

A	Accept	J	Jealousy	S	Share
B	Believe	K	Kiss	T	Try
C	Care	L	Love & Let Go	U	Unique
D	Devoted	M	Mature	V	Vow
E	Eye Contact	N	Natural	W	Walk
F	Freedom	O	Observe	X	XOXO
G	Give	P	Playful	Y	YES!
H	Honesty	Q	Quarter	Z	Zip
I	Independence	R	Receive		

使用工具

步驟

三種畫風

part 1:

Love

愛情

愛情哪裡複雜，人才複雜！
然後瞬間懂了那些
原本會讓自己大翻白眼的放閃情侶，
以及過於矯情的愛情電影
竟是如此合理！

Debby W ∞ 的

愛情三部曲

之一

我竟然沒發現

我有了這顆痣！

我會說在感情剛開頭是最有自信和最沒自信的時期，因為被愛所以驕傲、任性，又因為愛對方所以太過配合和低姿態，然後就衍生出「愛情好複雜喔！」的想法，但愛哪裡複雜，人才複雜！

其實我喜歡這個階段，會有種發現自己身體哪邊又長了顆痣的神奇感覺：「喔！我竟然沒發現我有了這顆痣！」發現自己可以吃這麼辣，或者原來自己是這麼的依賴對方，透過對方來和這個陌生的自己初次見面，然後瞬間懂了那些原本會讓自己大翻白眼的放閃情侶，以及過於矯情的愛情電影竟是如此合理！

我發現過自己的什麼痣？

· **吃醋痣**：發現自己其實沒有那麼大方，聽到前女友這類的詞，原本說的不在意都變成在意，我一點也不想知道你們之前發生過甚麼啊！

· **撒嬌痣**：其實這顆痣有點自我突破，我講起來還是會有點尷尬跟害羞，畢竟被逼著叫「寶貝」也不會多自然。但經過「練習」以後，我知道我是喜歡撒嬌的，那是一種坦蕩又舒服的感覺，甜甜的。

· **配合痣**：我發誓！我平常真得是個很有個性的人，但在感情裡就是鬼打牆的很容易配合對方，對方要甚麼我就給甚麼，不喜歡甚麼我就改，這種的結局當然都不好，妳以為給了對方足夠的安全感，但卻失去了神秘感，

「原本以為會是
甜蜜居多的
第一部曲，
沒想到
很早就變了調。」

沒多久對方就跟妳說掰掰。

那感情到底怎麼變調的？好好的事情是怎麼被搞砸的？

有時是陌生的自己在作祟。雖然她也是妳，但妳們頂多是住在同棟大樓十幾年卻從沒碰過面的鄰居。一時間妳不知道該如何拿捏和面對，讓撒嬌變成過度依賴，關心變控制狂，對方的反應一不如預期就不安全感發作，出現「他是不是不喜歡我？」、「難道他熱戀期過了就淡了嗎？」其實妳只是把太多注意力放對方身上，把對方逼得喘不過氣外還忘了愛自己…

愛自己因為出發點不同變得困難。對對方太好是愛自己的一種錯誤方式；因為認為得到自己想要的東西就是愛自己，所以努力的付出來換取對方的愛，結果得失心太重，太在意我愛你和你愛我之間的比重，最後計較多過關心，然後就往掰掰前進。

就算結局不是喜劇，這個階段的美好是每個人回想起來都會像少女一樣對著天空傻笑懷念的吧。想起對方持續兩個月的跨海 morning call、想起看完電影之後你說我們多待一會等字幕跑完到最後一刻、想起第一次約會的時候，那些平凡的事情因為對方變得特別的時刻，請不要因為後面的變化就讓他失去原本的美好！

喜歡聽你說話。

真的真的

愛怎麼可能隱瞞。

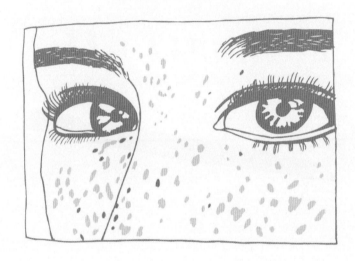

騙別人就算了／自己呢？

對我而言，你跟眉筆一樣重要。

眉毛真的很重要喔！

因為你是你，所以我是我。

你讓我做我自己

擁抱是：我用雙手保護你，
你卻用安全感保護著我。

就像娃娃
被抱在懷裡的那個力量往往比想像中大

你讓我的複雜變得簡單。

你是梳子把我打結的頭髮梳開

面對對的人就像好的食材一樣，
不用做太多的調味，
他就喜歡最真實的妳。

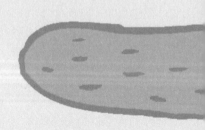

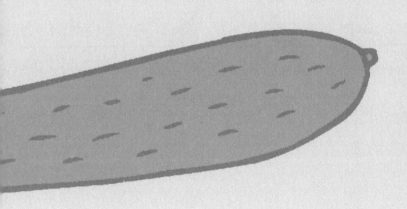

你……你是我的小黃瓜啦！

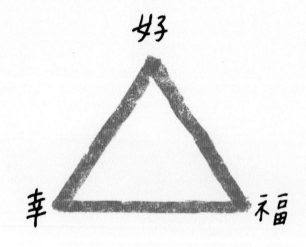

恩♥

最近平平淡淡的：）

你可能不相信，
但你對我來說有時候像天上的星星。

耀眼／遙遠／可愛／陪伴
每個人的定義不一樣

牽絆，只能是永遠。

就像影子一樣

只要發現了切也切不斷

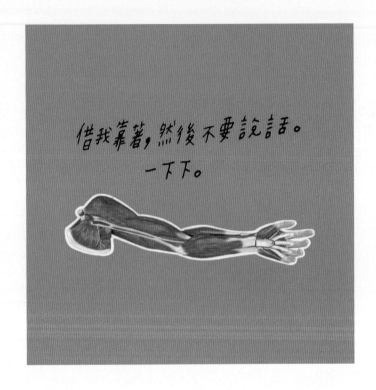

借我靠著，然後不要說話。
一下下。

手臂／手臂／♡／手臂

靈感的源頭通常也是靈感的結尾。

所以我們打勾勾又蓋印章

自尊可以毀了很多事，
儘管它比不上那些事重要。

愛面子喔

別把坦蕩當不負責任的藉口。

對自己負責

抓不住的往往也沒放掉。

欸！握太緊了喔！

儘管後來釐清了，
也無法改變當初妳不怎麼相信的事實。

妳做的決定／都是當下認為最好的決定
所以不要後悔

有時候人要的不是解藥，
是讓妳可以在痛裡待更久的藥。

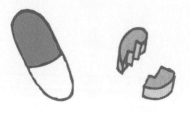

（祝　早日康復）

你誤會了想像的我
我也對想像的你失望。

所以其實我們互不認識

人只看到在意的。

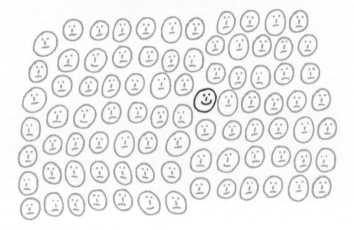

「欸，他是不是一直在看我啊？」
「妳不看他怎麼知道他在看妳。」

巧合發生的目的是為了讓人自我說服。

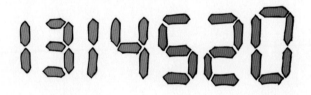

所以我們用巧合說服自己
又再用巧合推翻自己∞

不喜歡洗澡水忽冷忽熱，
也不喜歡人忽冷忽熱。

好啦我要先去洗澡了

哭不是因為你說的每句話，
是因為每句話我都感覺到你的不在乎。

妳的眼淚對不在乎妳的人來說

沒有重量

見到你的第一眼和最後一眼，
都讓我印象深刻。

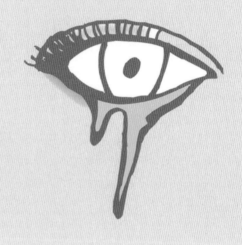

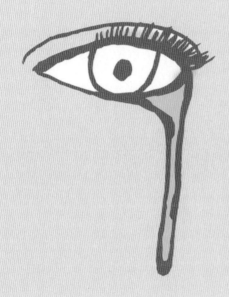

就兩個場景

別估久空虛的事，那只會讓妳後悔。

為了想要有人陪所以跟一個不喜歡的人在一起

有比較好嗎？

搶來的永遠不是妳的。

你得到我的人但得不到我的心！（瓊瑤口吻）

你 :) 我就開心

你 :C 我就難過

情緒也太容易被影響

耍脾氣不會讓妳得到妳要的安慰。

圖個什麼嘛？

如果我不是你想像的那樣，你還會喜歡我嗎？

你會嗎？

不要怕，他是喜歡妳的。

答案是 ♥

我沒有完整的我，
也沒有完整的愛，
但這是我全部的愛。

被咬過一口的才看得到內餡啊！

"感覺"是個誠實的人，
但大家都不相信它。

其實心裡已經有答案了

離自己走越遠，
才能 離你走越近。

但對的人
其實是不會讓你迷路的

習慣就像自己的小孩，
養了就捨不得放，不管它好或壞。

有時候還養別人的小孩

part 2 :

Courage

堅強

還不到苟延殘喘的維持著，
訊息少了還是有訊息，
已讀不回，幾個小時後還是會回個幾句，
「這樣正常嗎？」
一個曖昧簡訊又讓妳燃起復合的希望，
完完全全的「鬼打牆」。

Debby W ∞ 的

愛 情 三 部 曲

之 二

只 因 遇 到

不 想 當 壞 人 的 他……

　　如果要用單一一個詞來形容感情的這個階段，我會說「百感交集」還勉強及格。因為感覺每秒都在變，妳這一秒哭到不能自己、下一秒和朋友一起大罵對方有多麼討厭，結果對方一個曖昧簡訊又讓妳再次燃起復合的希望，完完全全的「鬼打牆」。其中讓我像 Candy Crush 卡關那樣痛苦的，是曾經遇上了一個「不想當壞人」的他。

　　也不知道是從什麼時候開始，甜蜜的感覺淡了，還不到苟延殘喘的維持著，訊息少了還是有訊息，已讀不回，幾個小時後還是會回個幾句。「這樣正常嗎？」沒遇過這種情況的我有點不安，「這應該就是穩定吧，老夫老妻那種平淡，每天聯絡也會膩啊，是誰規定感情只能有這種模式？而且他最近也比較忙吧……」，我統整出一個不是那麼有把握的結論。

　　他大我好幾歲，如果現在猛傳訊息或狂打電話，他一定會覺得我很幼稚，跟其他小女生沒什麼兩樣。為了證明他是錯的，也為了證明自己跟其他女生不一樣，我決定等他自己來找我！從第一天假裝沒事，問他今天做了什麼，順便跟他分享自己的生活，到第五天睡前邊哭邊把以前的訊息看了一遍又一遍，到底哪裡做錯了？哪句話讓他不開心了？還是他其實有說他要出國一個月只是我剛好沒看到那句留言？

　　就這樣我自問自答了持續九天（當時到底哪來的耐性！）

　　他回來了，傳了一張照片給我，是他拍的一張裝置藝術照片，搭配一句「我覺得這個好酷喔！」。面對這突如其來的撥弄，沉靜了九天的我傻了，誰會想到我要面對的竟然是一張裝置藝術照片，太絕了！我冷冷的什麼話也沒回。

　　殊不知在這短短九天，我過得比他的裝置藝術還酷好幾萬倍：第一次蹲在馬路邊崩潰、重播陶晶瑩的「離開我」大哭特哭、每天問自己一連串沒有答案的問題。但他回來了，這是我要的，在他熱烈話題攻勢下，我也漸漸打開心房（又開！），這九天真的是自己想太多太神經質太幼稚了，現在不是一切都好好的嗎？

　　畫面跳到一個月後，他第二次消失。經過前一次的「訓練」，我抓到訣竅就是等（真聰明）。然後過了一個禮拜他又出現了，他打了電話來，我接起來一反常態的很冷漠，他裝著沒事的安撫我：「我難得打來欸妳都不說話喔？」然後我又再次被熱烈話題攻破了。

　　反反覆覆幾次後，某天半夜我看著他傳來的訊息說他最近因為工作有點煩這類的事情，突然間我不知道自己的定位到底是什麼；我的作用只是一個會關心他願意聽他說話的人嗎？還是食之無味棄之可惜？我把回到一半的「加油」刪除，關掉他的視窗，是該我消失了……。

用你的醜陋來消滅你的美好。

都是自我說服的問題

練習憋哭。

過了就堅強了　加油！

有些傷口大的只有自己看

尋見。

幫妳呼呼……

淚比血難止

可能會有點痛喔／忍一下下

現實的重整，不像按F5一樣輕鬆。

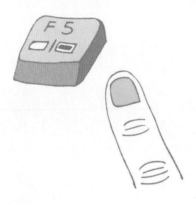

F5 重新整理／F5 重新整理／重整／重整／重整……

不是我冷漠，
因為這是我唯一知道可以勇敢的方法。

有時候一講話就崩潰了

一秒鐘也有上下之分，
更何況是你和我。

他們都是圈圈
但又是不一樣的圈圈

對妳尔在乎的人來說可能不痛不癢，
但對在乎妳尔的人就不只是痛癢了。

一隻蚊子在流血

日子不苦，青春不澀。

是人

挽回不是單方面的事。

我們的

變淡了／又剩下自己

如果沒有說出口的話會累積，
世界應該會擠得讓人無法動彈吧。

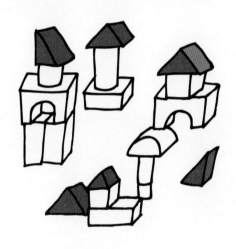

你說啊你說啊！

感情裡最怕逞強百

誰也不留下但

人遇上太乾脆的人，
佳也不想走。

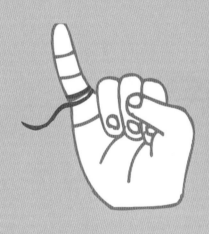

既然捨不得／那？

害怕是變勇敢的前戲。

在床上灑上玫瑰花瓣那樣

如果妳逃的是內心的東西，
逃多遠都一樣。

請勿奔跑喔

如果一個人讓妳不斷的想找答案，
那他不會是答案。

妳其實也知道啊
所以不要再拿剪刀剪自己的手了

永遠不要以為妳可以改變任何一個人，
除了妳自己之外。

先對自己有魔法☆☆☆

謝謝你的直接，
也謝謝你的殘忍。

先壓住就不會流血了

不要因為難得而捨不得。

合腳的鞋子不會只有那一雙

妳的 缺點沒那麼大，妳的優點占了

那麼小。

妳把它放大了＋
妳又把它縮小了－

"答應我，不要再傷害我了好嗎。"

不是對別人說
是對未來的自己說

妳不是不被需要，
只是還沒遇到那個需要妳的人。

就像夏天的厚圍巾

他只是在等冬天而已

不要把難過藏起來
也不要把快樂藏起來

你可以為句點畫上笑臉或哭臉。

當然要畫笑臉：）

抱著最壞的打算，
不等於要抱著最壞的心情。

沒那麼可怕啦！加油！

妳是值得被愛的，
妳只是不適合被他愛。

Mr. Wrong

永遠不要懷疑自己好不好？

Work & Private Area :

Debby
W∞
的
工作桌

Sketch Book

... to meet you! German ladies!

... freue mich, Sie kennen zu lernen!

...hrista, ...oswitha and Stephy.

...ie geht's ...

...a...am ist Debby.

Sie sind sehr nett!

Danke fuer alles, was Sie getan haben.

ich hoffe, des wir uns dann bald sehen.

Kaffee, Schokolade

Frankreich

Freund

glücklich.

Ich bin hier ein
vielleicht sollten

Kaffe

Wir trafen uns auf der Straße
und wir einen Kaffee zusammen.
Obwohl wir verschiedene Sprachen sprechen
Es gibt keine Kluft zwischen uns
Sie sind freundlich und nett
Nice to meet you
Freue mich, Sie.
und hoffen, Sie bald zu sehen.
Kaffee, Schokolade
Frankreich
Freund.
glücklich.

part 3:

Ripeness

成長

因為結束時對方不肯給答案，
我不想逼對方，
就這樣自然而然的沒聯絡了。
我不喜歡不清不楚的結束，
我想要一個「句點」。

Debby W∞ 的
愛 情 三 部 曲
之 三

謝 謝 和 那 些
不 對 的 人 擦 身 而 過

　　分手其實已經過了一年多，日子又回到跟原本有點相像的步調。偶爾
還是有幾個和他相關的畫面會跳出來；想到一開始的時候，或者想到結束
的時候，悶悶的。

　　我把那些當初讓我哭很慘的歌列成了一個歌單，讓他一首一首接著
播，像是找犯人一樣，很想逼出那些說不定還沒哭出來的眼淚，讓自己快
點擺脫這個感覺。結果只有幾滴硬擠出來的眼淚，也沒有嫉妒或者不甘心
的心情。我在「鬼打牆」這個選項上打了個叉，既然我沒有鬼打牆，沒有
卡在情傷裡，那我到底在悶什麼？

　　和朋友討論知道，應該是因為我們的結束沒有個「句點」，對方不肯
給答案，我也不想逼對方，就這樣自然而然的沒聯絡了。所以我決定把分
手之後那些想說沒說的，跟對方說，然後希望從他嘴裡可以得到一個期望
已久的「句點」。久違的聊天視窗，我把想說的話都先打在記事本上以防
自己手抖打錯字，或者突然腦袋空白。

　　「Hey，在嗎？」（我開了個頭。）
　　「Hi。」（過了幾分鐘，看他打字來來回回的，終於回了話。）
　　「雖然有點自私的感覺，但我覺得如果我不跟你說，就會一直被卡在
這裡。結束之後我以為我好了，但我一直無法喜歡新的人，我不喜歡不清

「沒吃過辣
不知道自己
喜不喜歡辣。」

不楚的結束，也不想被卡在這裡，我想要有一個句點。」

　　呼，我一股氣的把全部的話都打出來，越打越激動，好像還有更多話等著要說。

　　「哈哈，會嗎？」（過了很久他回。）

　　「對啊，感覺都很刻意避開。」

　　「有嗎，我沒有這樣感覺啊，哈哈……」（他是強裝自然吧，他明明是個想很多的人。）

　　「有啊，我不想這樣。」

　　「看妳在法國過得很開心，很好啊。」（過了幾分鐘，他轉開話題。）

　　「嗯，蠻有趣的，也過得很充實。」（我也順著他回答，就像當初一樣，他不給答案，我也不逼他。）

　　這一刻我才了解，原來句點一直都在我手中，我不用從對方或任何人那去得到。然後我把那些在手機裡「刪不掉」的照片刪了，簡訊也刪了，連 facebook 和 skype 也一併刪除。瞬間覺得好放鬆，這前後的差別是什麼？可能是看到對方還是一樣原地踏步（就算他沒有但我就是這樣認為了啦，讓我好過一點好嗎），但自己卻已經往前跑了好一大段，反而謝謝和那些不對的人擦身而過，才能看到「不對時候的自己」。

如果感情硬要說輸贏，
有勇氣的那一個肯定是贏家。

至少妳開口了

嗯／妳很勇敢！

在恨沒人了解妳之前，
先和那些試著了解妳的說謝謝。

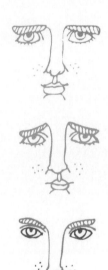

謝謝你／謝謝我

有些事情想久了也忘了當初是什麼樣子，
但還是一直想。

喜歡三角形△

既然當初是這樣的相愛，
就不要最後找藉口互相傷害。

原來我也是保守派

能保護妳的方法不一定能保護別人。

所以不要逼你也不要逼我

投入的慢，陷入的快。

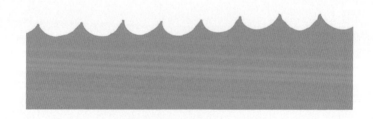

所謂觀察家

安全感與神祕感，一線之隔。

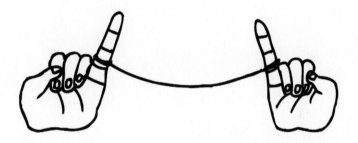

你好難搞喔

我們常常用最特別的理由，
去縱容對方最普通的罪過。

到最後
理由比他還獨一無二

如果他用傷害別人來證明對妳的愛，
有一天妳也會是他傷害的人。

不要再讓壞人得逞了
他不懂愛

有些人像難吃的蔬菜，
不管給他幾次機會他都讓妳失望。

對我來講，你就跟（豆芽菜）沒兩樣！

考驗對愛情來說像鹽巴，
一點點可以調味，
多了就讓人吃不下口。

鹹死你♡

要越來越寬廣。

眼界和心胸

我們學習原本不會的能力，
　然後失去原本有的能力。

妳學會愛／又忘了愛
妳學會忘／又忘了忘

我們陌生如當初。

才知道陌生也跟愛一樣

會越來越濃烈

我們對第一個愛的人說謝謝，
　　對第一個愛我們的人說對不起e。

有點殘酷

不管好或壞，
獨一無二很重要。

就像追人你可以用同一招
但不能連分手都用同一招啊！

妳不被人否定，
然後連妳也跟著否定自己。

○或×

堅定點！

再也不要因為任何一個人失去任何一個人。

我還捨不得你

太過神祕也是一種不尊重。

到 底 說 了 什 麼 啦

人要的從來就不純粹。

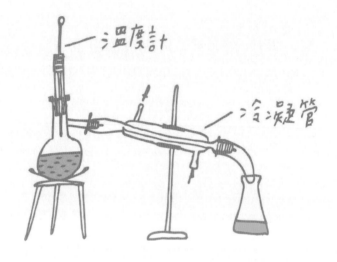

妳以為妳只要簡單
但其實妳要的很複雜
使用蒸餾法

人總在追求不平凡，
卻忘了自己早已獨一無二。

因為妳是妳啊

啦啦啦♡

有時候看似越自由的人，
其實被自己卡的越深。

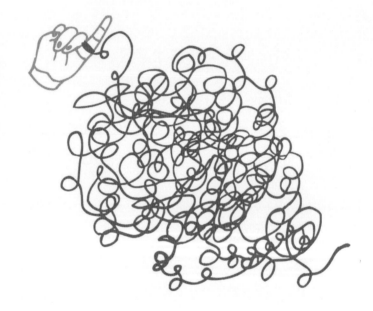

自由到不知道自己要什麼嗎？

如果妳想成為別人，
那妳永遠不會是妳自己。

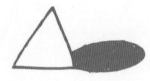

圓型的影子不會是三角形

下課了，不代表停止學習了。
受傷了，不代表停止去愛了。

欸，繼續加油：）

愛情裡的特別不是對方給妳，
只有妳能給妳自己。

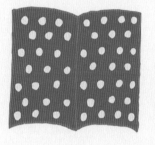

他說妳特別妳就特別他說妳不特別妳就不特別嗎？

他教我去猜，
你要我別想。

遇到一個妳猜不透的人
和遇到一個妳不用猜的人那樣子

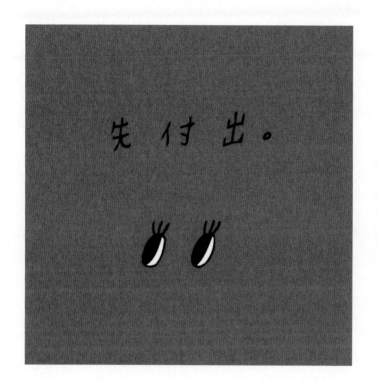

有時候這樣告訴自己

謝謝那些別人沒有義務卻替妳做的事。

好謝謝　真的！

對待家人像朋友，
對待朋友像家人。

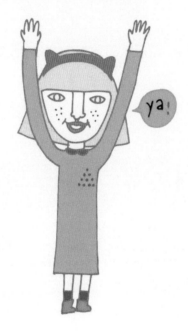

ya

大家都開心

一生能遇到幾個讓妳忘記在做夢的朋友，
何其幸運。

幸運草是兩個無限符號組成的喔！

感謝遇見的每個人。

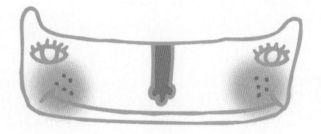

你啦：）

part 4 :

Life

生活

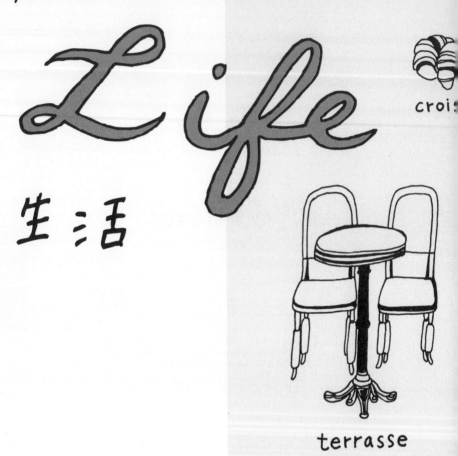

crois

terrasse

café

人生長度有限，
但體驗人生的方法卻有好多好多種，
重點是要有個開始，
那其實不難。
不要自己嚇自己，
因為妳比自己想的要厲害得多了！

parfum

tequila

éclair

baguette

macaron

ière

fromage

fraise

boucles
d'oreilles

Debby W ∞ 的
生活
大 小 事

期 許 自 己
變 成 一 個 更 好 的 人

就好像是妳從小就很要好的朋友一樣，久久碰一次面卻一點也不陌生，妳把全部的煩惱向她哭訴完之後，她平靜的安慰妳，然後還是一針見血的點出妳的問題。這個單元就是這樣完全不留情面，讓人很想反駁卻又回不了嘴。然後所有的問題最終會回到原點，這就是生活。

這裡談著夢想、父母、鑽牛角尖的自己，和那些期許自己做到的事，整體來說就是「正面」兩個字。

關於夢想。記得國中的時候五月天當紅，夢想這個詞就這樣充滿了我們的生活，告訴妳要追求自己的夢想、要越挫越勇，運動會大隊接力的時候一定會播他們的「軋車」或者「叫我第一名」，讓整場氣氛好嗨（講一講突然好懷念那個年代喔～馬上把歌找出來邊聽，哈哈）。

那時我最好的朋友 Lynn 是五月天的粉絲，正面、樂觀、幽默，可以說是一個五月天的縮影。受到她的影響，我開始在浪費青春之餘，也尋找自己想要的未來。一方面也要謝謝我有很支持我，包容我任性的父母，才有勇氣去逃開社會的束縛，追求一些看似不太合理的目標。

人生長度有限，體驗人生的方法卻有好多好多種，妳可以從歌曲、電影、食物、朋友、或者某句話就得到一天的快樂或者人生的啟發，重點是

「我們常常以為
感情才是
人生主題曲，
但那不過是
生活的
一小部分而已。」

要有個開始。那其實不難，很多看似阻礙的東西最後回頭看才發覺其實沒什麼，不要自己嚇自己，因為妳比自己想的要厲害得多了！

　　關於父母。妳對爸爸媽媽態度可能沒有比對妳的老闆好，花的時間也沒有比朋友多，可是任何事情一發生的時候，就算嘴上念的要死，在妳身邊幫妳解決的還是他們。這時候我才了解原來他們在自己心中的份量有多麼的大，然後就看著網路上轉貼的影片大哭一場。雖然還是常常沒做到該做的事，還是很不耐煩又懶得說話，一回家就直奔房間用電腦然後抱怨相處的時間永遠不夠……。

　　要不要每個禮拜早幾天回家，或者假日早點起床？要不要和爸爸媽媽相約吃個早餐或喝個下午茶？那些和朋友的活動跳過一次，變成跟爸爸媽媽一起，也是個不錯的方法啊。

　　這個單元也算是我的許願池吧，期許自己變成一個更好的人，但又不失個性的那樣。就像這本書的目的：從生活中找到自己的步調，找到自己喜歡的也認清自己不喜歡的，一切從自己出發，正是所謂的「愛自己」。

　　雖然妳要跟身邊的人相處一輩子，但花最多時間和妳在一起的還是妳自己喔。：)

所謂的印象，就是要留給陌生人的。

我懂妳就好了啦：）

人生就像宵夜一樣，永遠不嫌晚。

沒吃到宵夜大不了吃早餐嘛
但重點是妳要出門啊！

夢想是自私的，所以孤獨。

在外太空裡　●●●●●・・・・

幻想是用來幫助妳前進，
而不是成為妳的阻礙。

發揮好的想像力！

你的人生並不比其他人遜色，
精不精彩全都取決於你的心態和行動。

點燃炸彈或煙火？

對我來說美好的年代`已過去，
現在只試著讓年代美好。

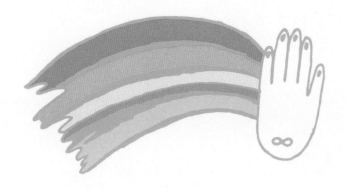

／童年掰掰／

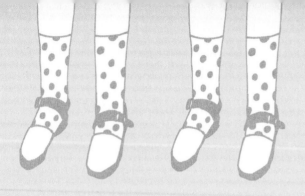

世界上特別的人很多，
但讓自己平庸的人更多。

Debby
W∞

的

愛情生活
百科

妳確定要畫～～～～～？（拉長音）

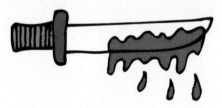

"可能我個性比較直"

別拿這句話當傷人的藉口。

關我 P4

尊重和年紀不會成正比。

part
4

別找藉口

疊得高／不一定疊的穩

只有自己變成被評論的對象的時候，
才會知道說別人的事情有多簡單。

多讚美別人

尊重是求不來的。

part
4

別找藉口

就像老佛爺是要放在心裡尊重的！

你從表面評斷別人，
別人也從表面評斷你。

話不要說得太快
我們又不趕時間：〉

試試看！

沒有可是！妳就試試看嘛拜託～～～～～

父母的年紀就像量骨體重，
久久一次卻發現增加了好多。

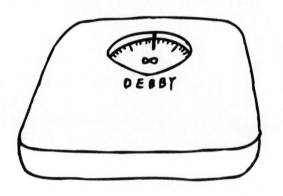

DEBBY

不要和父母之間的距離像手和腳一樣被肚子擋住喔！

人生唯一來不及客套的人，
是爸爸媽媽。

這頓你請！？怎麼好意思♡

青春是從一堆無聊小事浪費來的。

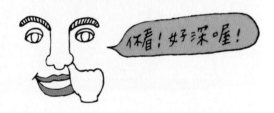

你看！好深喔！

屁勒切八段喔

陪我一起長大的廣告。

她應該沒料到這廣告會一播十年多吧！
有人有真的吃過嗎？

練習做選擇。

練習（要／不要）

▲沒有（隨便／都可以）▲▲

人只會被自己定型。

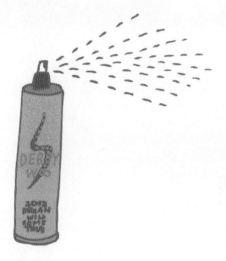

定型液噴太多喔

"獨立"從來都只能是個動詞。

我們單腳跳格子

要越來越細心。

觀察力和待人處事

有時候很想一切歸零，之前那些都不算。

小逃避　：╱

我就這樣被定義了。
儘管你一點也不了解我。

但因為別人的話把自己制約又是另一回事喔　ㄟ_>ㄟ

假日不要待在家。

還不晚喔 ：〉

妳就好像一本書，很多道理妳都懂
我只是幫妳畫了螢光筆而已。

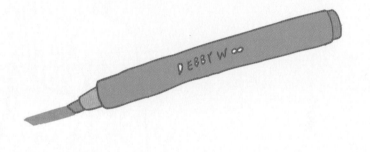

謝謝妳自己　：）

Bonus Feature:

Practice

愛情26道練習：

DebbyWoo 的 A - Z
愛情 keyword 診療室

小時候學英文是為了長大後的競爭力。
這裡的英文關鍵字，
學的是感情，
還有跟自己和對方競爭的超能力。

:)

Accept 接受

每段感情都從接受開始，
給對方進一步的空間和機會，才會有後面更多的故事。

Believe 相信

比起相信對方或相信愛，
相信自己先。

care 關心

我們不要淪落於形式，
"妳今天好嗎？" 不應該因時間而消失。

Devoted 全心全意 Debby
愛的專注度不只有大範圍的在妳身邊，
還有小範圍的在妳心裡。

Eye Contact 眼神

我們分別站在不同車箱,中間隔了十幾個陌生人。
然後我們用眼神說話

"在這站下車喔!"
"好!"

下車以後,我們默契微笑,為彼此微笑。

Freedom 自由
在感情裡自由是一種巧妙的拿捏，
用單身的標準來衡量
兩個人的感情並不公平。
別只看妳放手的那些，也看看妳抓住的那些。

Give 付出

先付出，先付出。

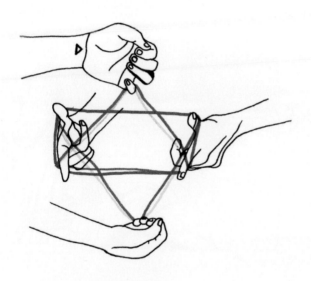

Honesty 誠實
唯有誠實的頻率相同，
那誠實才有它的意義。

Independence 獨立
別忘了他遇見的是獨立時的妳，
那樣很美。

Jealousy 妒忌

小嫉妒會讓對方感覺到被在乎。

但如果嫉妒的原因是自己的不夠自信，
在急著佔有對方前先問自己：

"妳真的氣的是什麼？"
"妳真的要的又是什麼？"

bonus
feature

∞

愛情
26道練習

kiss 吻
親吻很奇妙，
　妳閉著眼睛四週一片漆黑，
卻從來沒有感覺如此不迷失又安全過。

Love & Let go 愛 & 放手

愛與放手，對於我來說都是要自我說服的。
它就像故事的開頭和結束，都需要一點勇氣。

Mature 成熟
年輕的時候我們認為成熟是愛情一切的解答。
長大以後才知道偶爾幼稚一點
反而是維持感情的好方法。

Natural 自然

我愛你因為你是你，你愛我因為我是我。

Observe 觀察
有時事後回頭，
才發現那些愛與不愛的徵兆早就出現在小細節裡。

Playful 趣味

沒人喜歡無聊的人，穩定和平淡不一定畫上筆號。

Quarter 寬恕

感情裡的爭吵不為輸贏，

是為磨合成適合彼此的形狀。

Receive 接受
我們常常認為節省是一種骨豊貼,
所以久了讓對方把禮物省了
　餐廳也省了,結果他在對妳好這件事情上
不得其門而入。
偶爾"骨豊貼"的接受對方禮物, why not?

Share 分享
🕯 "喂？"
🕯 "你看天空，現在有彩虹欸！"
　想跟你分享任何美好。

Try 嘗試
不要因為害怕而不去嘗試，
妳可能因此受傷，
但也可能因此快樂。
更何況妳無法預測未來。

Unique 獨特
妳是獨一無二，
光憑這一點妳哪裡不值得被愛？

vow 誓言

別鑽牛角尖在誓言的時效，
好好感受當下的愛才是妳該做的。

Walk 散步 Woo
我喜歡和你散步,
肩並肩的,不說話就很滿足。

xoxo 抱抱親親
當我在簡訊上打出xoxo的時候，
絕對不像字面上那樣平淡。

YES! 好!

還有什麼比從對方口中得到 "YES!" 還開心?

Zip! 閉嘴
閉嘴當然不只是用在壞事,
像電影裡那些美好時刻,
就好好享受當下那一刻。

catch 197
Debby W∞ 的愛情生活百科
—— 畫給所有女生的情感療癒書

作　　者：Debby W∞
責任編輯：王建偉
封面設計：IF OFFICE
美術設計：蘇一立
法律顧問：全理法律事務所董安丹律師

出 版 者：大塊文化出版股份有限公司
　　　　　台北市 105 南京東路四段 25 号虎 11 木妻
　　　　　www.locuspublishing.com
　　　　　讀者服務專線：0800-006689
　　　　　TEL：(02) 8712-3898　FAX：(02) 8712-3897

　　　　　劃撥帳号虎：18955675
　　　　　戶名：大塊文化出版股份有限公司
　　　　　e-mail：locus @ locuspublishing.com

總經銷：大和書報圖書股份有限公司
地　址：新北市新莊區五工五路各2号虎
TEL：(02) 8990-2588 (代表号虎)　FAX：(02) 2290-1658
製版：瑞豐實業股份有限公司

初版一刷　　2013年 08月
初版五刷　　2016年 08月
定　　價　　280元
ISBN　　　978-986-213-447-4

國家圖書館出版品預行編目 (CIP) 資料

Debby Woo 的愛情生活百科：
畫給所有女生的情感療癒書 / Debby Woo 作
-- 初版. -- 臺北市：大塊文化, 2013. 08
224面；14 x 20公分 (Catch 系列；197)
ISBN　978-986-213-447-4　(平裝)

1. 戀愛　2. 兩性關係　3. 通俗作品

544.37　　　　　　102012047

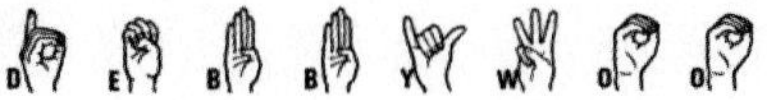
D
E
B
B
Y
W
O
O

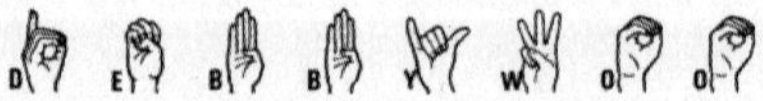
D
E
B
B
Y
W
O
O

D E B B X W O O